Gabriele Wollenheit

Laubsägearbeiten
Kantenhocker fürs ganze Haus

AUGUSTUS

Inhalt

Material und Werkzeug

Als Grundausstattung zum Bau der Kantenhocker benötigen Sie:

Massiv- oder Sperrholz

In vielen Fällen bieten sich Reste von Sperr- oder Massivholz an. Müssen Sie Holz kaufen, sollten Sie möglichst glatte Ware auswählen. Sie ersparen sich dadurch einen großen Teil der Schleifarbeit.

Die im Buch angegebenen Holzstärken können Sie ohne weiteres abändern. Ist das von Ihnen verwendete Holz dicker, gibt es keine Probleme – im Gegenteil: Je dicker, desto »knuffiger« sehen die fertigen Objekte meist aus. Verarbeiten Sie jedoch Platten oder Reste, die dünner sind als in der Materialliste angegeben, muss auf genügend Sitz- bzw. Stellfläche geachtet werden, damit die Kantenhocker nicht umfallen.
Wenn Sie mit einer Handlaubsäge arbeiten und dickes Holz verarbeiten, empfehlen sich weiche Sorten wie beispielsweise Fichtenholz.

Laub- oder Dekupiersäge mit Sägeblättern in verschiedenen Stärken

Die Säge ist das wichtigste Werkzeug bei der Holzbearbeitung! Wollen Sie nur hin und wieder einige Bastelarbeiten herstellen, genügt eine preisgünstige Ausstattung, die aus dem Laubsägebogen, einer Packung Laubsägeblätter in verschiedenen Stärken und einem Laubsägetischchen mit Schraubzwinge – damit Sie Ihren guten Küchentisch schonen können – besteht.

Falls Sie jedoch häufiger mit Holz arbeiten, empfiehlt sich die Anschaffung einer elektrischen Laubsäge, der so genannten Dekupiersäge. Der Preis hierfür liegt allerdings wesentlich höher. Eine gründliche Information vor dem Kauf ist daher dringend anzuraten!

- Graphitpapier
- Bleistift
- Pinnnadeln
- Schmirgelpapier oder Schleifschwamm, grob und fein
- Borstenpinsel oder fusselfreies Tuch (z. B. Ledertuch)

Pinsel

Saubere Malergebnisse erzielen Sie nur mit qualitativ hochwertigen Pinseln, jedoch sollten Sie sich für Synthetikhaarpinsel entscheiden. Auf dem verhältnismäßig rauen Holzuntergrund behalten synthetische Haare länger ihre Form als Naturhaare. Zwar kann man nie genug Pinsel haben, doch für den Anfang reichen ein dicker, ein mittlerer und ein feiner Pinsel bestimmt aus!

Farben

Bei der Wahl der Farben gibt es viele Möglichkeiten. Versuchen Sie es einmal mit Buntstiften, Wasserfarben aus dem Malkasten, mit Seiden- oder Glasmalfarben, wasserlöslichen Acryllacken – die wegen der Wasser abweisenden Eigenschaften auch für den Außenbereich geeignet sind –, mit matten und glänzenden Bastelfarben oder mit Wachsmalkreiden. Kleine Künstler arbeiten am besten mit wasservermalbaren Buntstiften.

Die in diesem Buch vorgestellten Kantenhocker wurden alle mit »Marabu-Decormatt«-Bastelfarben bemalt. Diese sind mit Wasser verdünnbar und decken gut; sie sind lichtecht und wetterfest und eignen sich daher auch für eine Aufstellung der Kantenhocker im Freien.

- Wasserbehälter
- Lappen

Als zusätzliche Hilfsmittel brauchen Sie teilweise:

- Holzleim oder Heißkleber
- Sekundenkleber
- Mini- oder Akkubohrer
- Bohrer in verschiedenen Größen
- Schere
- Lineal

Darüber hinaus eventuell notwendige Materialien und Accessoires sind in der Materialliste (»Das wird gebraucht«) bzw. der Anleitung zu den jeweiligen Modellen ab Seite 7 angegeben.

Grundtechniken

Übertragen der Vorlage auf Holz

Legen Sie einen Bogen Graphitpapier mit der dunklen Seite nach unten auf das Holz. Darüber die Vorlage platzieren und beide Bogen mit einigen Pinnnadeln befestigen. Jetzt ziehen Sie alle Linien – auch die Innenlinien der Motive – sorgfältig mit einem Bleistift nach. Wenn Sie anschließend die beiden Bogen entfernen, ist das Motiv auf dem Holz sichtbar. Bei mehrmaligem Nachzeichnen desselben Motivs wird die Vorlage beschädigt. Es empfiehlt sich daher, mit Kopien der ausgewählten Motive zu arbeiten.

Sägen

Zum Sägen mit der Handlaubsäge halten Sie den Laubsägebogen waagerecht; dadurch steht das Sägeblatt automatisch in der richtigen Position, nämlich senkrecht. In dieser Stellung führen Sie es mit leichtem Druck und gleichmäßigen Auf- und Abwärtsbewegungen gegen das Holz.

Arbeiten Sie mit einer Dekupiersäge, wird umgekehrt das Holz gegen das laufende Sägeblatt geführt. Achten Sie besonders bei Kurvenschnitten darauf, dass Sie das Sägeblatt durch zu viel Druck nicht seitlich verschieben! Dadurch entstehen leichte Unterschneidungen, die es Ihnen – vor allem bei dickem Holz – unmöglich machen könnten, das ausgesägte Werkstück aus der Holzplatte zu lösen.

Schleifen

Vor der Bemalung schleifen Sie mit grobem, anschließend mit feinem Schmirgelpapier oder einem Schleifschwamm kreuz und quer über das Holz; dabei immer von der Mitte des Werkstücks nach außen zur Kante hin arbeiten. Die Kanten werden »gebrochen«, d. h. leicht abgerundet. Der letzte Schliff erfolgt im Faserverlauf.

Nach dem Schleifen müssen Sie das Werkstück mit einem dicken Borstenpinsel oder Ledertuch gut entstauben.

Bemalen

Zur farbigen Gestaltung der Modelle bemalen Sie zunächst die großen Flächen in den Farben Ihrer Wahl, oder Sie orientieren sich bei der Farbwahl am Foto. Die Begrenzung der Einzelflächen erkennen Sie an den Innenlinien der Motive, die beim Übertragen der Vorlage mit auf das Holz aufgezeichnet wurden. Falls einzelne Linien nach dem Schleifen oder durch Übermalung nicht mehr sichtbar sind, können Sie diese nach Wunsch erneut von der Vorlage übertragen.

Zarte Innenlinien sowie feine Details, die zum Schluss angelegt werden, lassen sich mit einem »edding Brushpen« oder, auf dunklen Untergründen, mit einem hellen Gelstift meist exakter einzeichnen als mit dem Pinsel.

• Tipp •

Je nach geplantem Standort ist es oftmals nicht unbedingt erforderlich, die Kantenhocker auf beiden Seiten zu bemalen. Oder die Bemalung der Rückseite unterscheidet sich von der der Vorderseite, z. B. wenn auf der Rückseite statt eines Gesichts die Haare gemalt werden. In diesem Fall finden Sie im Text einen entsprechenden Hinweis.

Bevor Sie beginnen …

- Materialien und Werkzeuge, die zur Grundausstattung zählen (siehe Seite 3), sind in der Materialliste zu den jeweiligen Modellen (»Das wird gebraucht«) nicht mehr eigens aufgeführt. Auch diejenigen Arbeiten, die zum Basteln aller Objekte durchgeführt werden müssen – d. h. also Aufzeichnen des Motivs, Sägen, Schleifen und Bemalen –, werden in der Modellanleitung nicht mehr näher erläutert. Lesen Sie dazu auf den vorhergehenden Seiten unter Grundtechniken (siehe Seite 4) nach.

- Da die Farbgebung von der Art der verwendeten Farben – z. B. Acryl- oder Bastelfarben – abhängig ist, werden in der Materialliste keine spezifischen Farbtöne genannt.

- Besteht ein Kantenhocker aus mehreren Teilen, orientieren Sie sich beim Zusammenbau an den auf den Vorlagen eingetragenen Zahlen. Das mit 1 bezeichnete Teil ist die Grundform. Auf diese werden alle weiteren Teile in fortlaufender Nummerierung aufgeklebt.

- Zum Anbringen von Armen, Beinen, Flügeln o. Ä. orientieren Sie sich an dem Foto. Selbstverständlich lässt sich die Stellung dieser Körperteile aber auch variieren.

- Die Position von eventuellen Bohrlöchern ist in den Vorlagen durch ein Kreuz (x) vermerkt. In der Modellanleitung wird hierauf nicht gesondert hingewiesen.

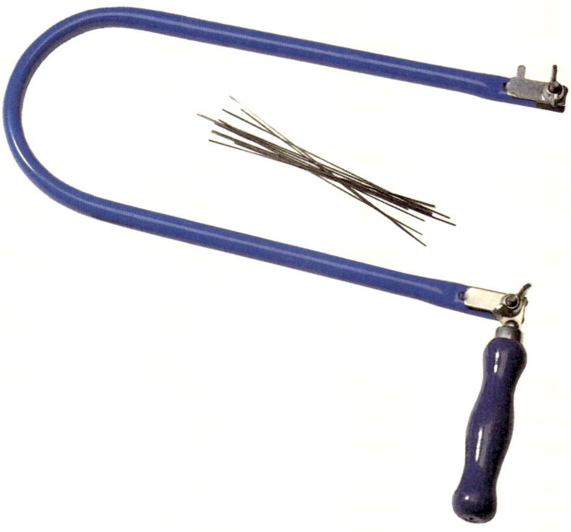

Bitte nicht stören …

Vorlagenbogen Seite A

… ich bin ja soo – uahhh – müde, scheint dieser bunte Vogel-Faulpelz zu sagen. Wovon er wohl gerade träumt, dass er so schmunzelt?

• Tipp •

Basteln Sie mehrere Rahmen mit unterschiedlichen Aufschriften für die jeweiligen Bedarfsfälle: »Komme gleich wieder«, »Bitte um sechs Uhr wecken«, »Bin im Garten« usw.

So wird's gemacht

Beim Zusammenbau der Einzelteile kleben Sie zuerst den herabhängenden Flügel und Fuß auf den Vogelkörper. Anschließend setzen Sie das Tier an eine Tischkante. Platzieren Sie nun den zweiten Flügel und Fuß probeweise an der anderen Körperseite und zeichnen Sie mit Bleistift die Umrisse an. In dieser Position werden dann beide Teile angeklebt. Den Bilderrahmen bemalen und mit einem »Brushpen« nach Wunsch beschriften. Er wird mit einem Faden am Schnabel oder Fuß angehängt.

Das wird gebraucht

Holz, 20 mm dick
Bilderrahmen aus Keramik, 6 x 8 cm
Aufhängefaden

Kleine Schlafwolke

Vorlagenbogen Seite A

Hoch oben auf dem Türrahmen sitzt die kleine Sternenwolke mit Sandmännchen und bewacht aufmerksam den Schlaf der Kinder.

• Tipp •

- Vorsichtshalber empfiehlt es sich, die Wolke mit einem Stückchen doppelseitigem Klebeband sicher zu befestigen.
- Wenn Sie ein Loch durch das Ende der Zipfelmütze bohren, lässt sich z. B. noch ein buntes Metallglöckchen einhängen.

Das wird gebraucht

Holz, 20 mm dick
Holz, 4 mm dick, für die Sternchen

So wird's gemacht

Nachdem die kleine Wolke fertig bemalt und getrocknet ist, kleben Sie die Sternchen an beliebigen Stellen auf.

Jumbo-stark

Vorlagenbogen Seite A

Bei den Dickhäutern handelt es sich ja durchweg um Schwergewichte, dieses Exemplar allerdings findet noch auf dem kleinsten Vorsprung in Ihrer Wohnung Platz.

So wird's gemacht

Sind alle Einzelteile fertig gestellt, bereiten Sie ein Schälchen mit sehr wässrig angerührter mittelgrauer Farbe vor. Damit werden sämtliche Elefanten-Körperteile grundiert. Nach dem Trocknen einen Teil der Farbe vorsichtig wieder abschleifen, wobei die Kanten stärker bearbeitet werden als die in der Mitte liegenden Partien.

Setzen Sie den Elefanten folgendermaßen zusammen: Den Körper (Teil 1) an eine Tischkantenecke stellen. Teil 2 davor kleben. Teil 3 stützt sich auf Teil 2. Dann Teil 4 so vor den Körper kleben, dass der Fuß auf dem Tisch steht. Teil 5 wird auf die Rückseite geklebt, wobei ein Stück des Beines hinter dem Körper hervorschaut. Schließlich den Rüssel in waagerechter Haltung oder wahlweise leicht schräg nach oben oder unten im Gesicht festleimen.

Das wird gebraucht

Holz, 20 mm dick, für den Körper
Holz, 10 mm dick, für Beine und Rüssel

Kerzenwicht

Vorlagenbogen Seite A

Hübsch sieht er aus, der Wicht, und praktisch ist er auch: Als dienstbarer Kerzenhalter und mit einem Mini-Gesteck aus Tannengrün auf dem Schoß verbreitet er vorweihnachtliche Stimmung.

Das wird gebraucht

Holz, 20 mm dick
2 Holz-Kerzentüllen mit Metalleinsatz, Ø 2 cm
2 Weihnachtsbaumkerzen
einige sehr kleine weihnachtliche Dekoteile
Tannengrün

So wird's gemacht

Bei der Bemalung des Wichts lassen Sie auf der Rückseite Gesicht und Bart weg. Zum Zusammenbau stellen Sie Teil 1 auf eine ebene Fläche und kleben mit der Unterkante bündig Teil 2 davor. Anschließend wird Teil 3 bündig zur Oberkante von Teil 2 angeleimt. Die Kerzentüllen auf die Arme kleben und die Kerzen einstecken.

• Tipp •

Wenn Sie dem Wicht ab 1. Dezember jeden Tag ein neues Geschenk in den Schoß legen, wandelt er sich zum originellen Adventskalender.

Trara, die Post ist da!

Vorlagenbogen Seite A

Zum Bewachen wichtiger Dinge ist ein Bär gerade recht: Stolz hält Brummel Ihnen die Post, das Briefpapier, Tagebuch und vieles mehr entgegen.

So wird's gemacht

Sind alle Teile fertig gestellt und bemalt, stellen Sie die beiden Beine mit 2 cm Abstand nebeneinander auf einen Tisch; dabei sollen die Kniekehlen direkt an die Tischkante stoßen. Nun den Teddykörper dazwischenschieben und mit einem Bleistift die Umrisse der Beine anzeichnen. Ziehen Sie dann den Körper wieder hervor und bestreichen Sie die markierte Fläche mit Holzleim. Nach dem Ankleben der Beine den Posthalter-Teddy gut trocknen lassen.

Das wird gebraucht

Holz, 20 mm dick

Dann bringen Sie mit Leim zunächst einen Arm an. Richten Sie den zweiten Arm in gleicher Position aus und leimen Sie diesen ebenfalls fest.

Brüderchen und Schwesterchen

Vorlagenbogen Seite B

Das wird gebraucht

Holz, 20 mm dick

Ob einzeln oder im Duett – mit ihren fröhlich baumelnden Beinen sind diese beiden das ideale Geschenk zum freudigen Ereignis!

So wird's gemacht

Brüderchen

Auf der Rückseite des Oberkörpers wird der Hemdkragen durchgehend, ohne Krawatte, gemalt. Zum Zusammenbau legen Sie Teil 2 bündig an eine Tischkante an. Dann wird Teil 1 bündig vor Teil 2 aufgeleimt. Teil 3 auf die hintere Hälfte von Teil 2 aufleimen.

Schwesterchen

Die Bemalung des Oberkörpers wird auf der Rückseite folgendermaßen geändert: Die Haare vollflächig, ohne Gesicht, anlegen; den Kragen durchgehend, ohne Knopf, malen. Der Zusammenbau erfolgt wie beim Brüderchen beschrieben.

• Tipp •

Malen Sie zur Geburt eines Kindes den passenden Namenszug auf die Figur und legen Sie dem Mädchen oder Jungen ein Geschenk auf den Schoß.

Schlauer Igel

Vorlagenbogen Seite B

Dieser Igel ist ein erstaunlich schlaues Kerlchen. Er erinnert an wichtige Daten, Termine, fehlende Lebensmittel usw.

Mit einem Adressbüchlein, einem Kalender oder Notizblock, den Sie dem freundlichen Igel zwischen die Pfoten klemmen, erinnert der Schlaumeier nun an alles, was Sie nicht vergessen dürfen.

So wird's gemacht

Für den Zusammenbau leimen Sie in fortlaufender Nummerierung das Gesicht, die Pfoten und die Beine auf Teil 1 mit den Stacheln auf. Die Teile 3 und 5 stellen jeweils den Abstand zwischen dem Körper und den Pfoten bzw. Beinen her.

Das wird gebraucht

Holz, 20 mm dick, für den Stachelkörper
Holz, 10 mm dick, für Gesichtsteil, Abstandshalter, Pfoten und Beine
Notizblock, Kalender o. Ä.

Fetziger Flatterrabe

Vorlagenbogen Seite B

Für Schmunzeln oder breites Grinsen sorgt dieser Rabe: So wie er da sitzt, könnte man meinen, er sei gleichzeitig vom Sturmwind zerzaust und vom Blitz getroffen worden!

• Tipp •

Malen Sie den Bauch nicht gelb, sondern schwarz an und kleben Sie eine kleine Korkplatte, z. B. einen runden Untersetzer, auf. So fungiert der fetzige Rabe als lustige Pinnwand!

Das wird gebraucht

Holz, 20 mm dick

So wird's gemacht

Zum Zusammenbau stellen Sie den Rabenkörper an eine Tischkante. Auf seiner Rückseite werden nun die Flügel so angeklebt, dass die geraden Flächen ebenfalls auf dem Tisch stehen, den Raben also stützen. Anschließend die beiden Abstandsteile mit der Ziffer 4 vor den Bauch kleben. Sie bilden eine weitere Stütze, die den Raben davor bewahrt, nach vorne zu kippen. Auf die Abstandshalter kleben Sie die Beine und darauf wiederum die Füße auf.

Schmuckes Mäuschen

Vorlagenbogen Seite C

Liegen Ihre abgelegten Armreifen und Halsketten auch immer im Badezimmer herum? Mit diesem Mäuschen eröffnet sich eine praktische und dekorative Aufbewahrungsmöglichkeit für alles, was »hängt«.

So wird's gemacht

Damit die Maus später auch wirklich auf den von Ihnen gewählten Platz geschoben werden kann, sollten Sie zuvor die Stärke des Regalbretts ausmessen. Gegebenenfalls müssen Sie den Abstand zwischen den Hinterpfoten und dem Schwanz verändern. Den Schlitz, mit dem die Maus auf das Brett gesteckt wird, aber eher zu knapp als zu großzügig aussägen.

Nun schieben Sie die ausgesägte Maus probeweise auf das Brett. Eventuelle Mängel in der Passform können jetzt noch ausgeglichen werden.

Ist das »Schmuckstück« fertig bemalt und getrocknet, kleben Sie die Beine auf.

• Tipp •

Küche, Speisekammer oder Kinderzimmer sind Orte, an denen sich das Mäuschen auch gerne aufhält. Dort macht es sich ebenfalls nützlich und trägt Topflappen, Handfeger, Turnbeutel und vieles mehr. Wenn Sie den Mäuseschwanz um 3 – 4 cm am Ende kürzen ist das Einhängen verschiedener Gegenstände noch einfacher.

Das wird gebraucht

Holz, 20 mm dick, für den Körper
Holz, 10 mm dick, für Vorder- und Hinterbeine

Vielseitiges Mini-Trio

Vorlagenbogen Seite B

Die drolligen Mini-Kantenhocker sind im Handumdrehen gemacht! Sie können überall sitzen, wo die Umgebung ein wenig fröhlicher werden soll: auf Lampenschirmen, Aktenordnern, Blumentöpfen und und und ...

Schneemann

Das wird gebraucht

Holz, 20 mm dick

So wird's gemacht

Ein »schneller« Kantenhocker! Nur aufzeichnen, sägen, schleifen und bemalen – schon ist der knuddelige Schneemann fertig!

Hasenjunge

Das wird gebraucht

Holz, 10 mm dick, für den Körper
Holz, 4 mm dick, für Arme und Beine
einige winzige Trockenblumen und Staubgefäße
oder 1 Schokoladen-Osterei
oder 1 Pinsel und 1 kleines Plastikei

So wird's gemacht

Stellen Sie den Hasenkörper an eine Tisch- oder Regalkante. Dann die Beine probeweise anlegen und festkleben. Die Arme können Sie in beliebiger Stellung anbringen – je nachdem, was das Hasenkind in Händen halten soll.

Katz' und Maus

So wird's gemacht

Zunächst sägen Sie den Katzenkörper mit Maus in einem Stück aus. Erst dann das Mäuschen vom Katzenschwanz trennen.

Stellen Sie nun das ausgesägte Körperteil so an einer Kante auf, dass der Schwanz nach unten hängt. Anschließend werden die Hinterbeine auf jeder Körperseite befestigt.

Das wird gebraucht

- Holz, 8 mm dick
- Schnur, Faden oder Lederband als Mäuseschwanz, 3 cm lang

Den Kopf sägen Sie zweifach, exakt deckungsgleich aus. Entlang der gestrichelten Linie dann einen der Köpfe durchtrennen. Die obere Hälfte dieses Kopfes leimen Sie nun vor den Katzenkörper – und zwar so, dass die Unterkante des Kopfes mit der des Körpers bzw. der Stellfläche abschließt und auf dieser aufliegt. Der vollständige Kopf wird dann deckungsgleich auf den halben aufgeleimt. Die Rückseite der Katze bleibt ohne Kopf.

Zum Schluss bohren Sie ein kleines Loch in das Mäuse-Hinterteil, in dem Sie das Schwänzchen befestigen. Nun kann die Maus mit einem Tropfen Leim auf den Katzenschwanz gesetzt werden.

Freche Früchtchen

Vorlagenbogen Seite C

Trister Küchenalltag? Vorbei! Ab sofort geht's lustig in der Küche zu! Überall sitzen die frechen Früchtchen und machen fröhliche Miene zum Küchengeschehen.

Das wird gebraucht

Holz, 20 mm dick

So wird's gemacht

Möhre, Aubergine, Zitrone & Co. sind schnell gesägt! Malen Sie die kleinen Gesellen danach mit frischen, bunten Farben oder auch passend zur Kücheneinrichtung an.

• Tipp •

Weil das witzige Obst und Gemüse so rasant gebastelt ist, eignet es sich auch hervorragend als kleines, ausgefallenes Mitbringsel, wenn die Zeit drängt.

Immer am Ball

Vorlagenbogen Seite C

Für kleine und große Fußballfans ein Muss! Ein süßer Teddy in den Farben des unbestrittenen Lieblingsvereins.

Das wird gebraucht

Holz, 20 mm dick, für den Körper
Holz, 6 mm dick, für Arme und Beine
Holzkugel, Ø 3 cm, Filzrest

So wird's gemacht

Damit der Teddy später auch richtig auf der Kante sitzt, leimen Sie zuerst das nicht angehobene Bein am Körper fest. Dann werden beidseits die Arme angebracht, damit der Ballkünstler erst einmal in eine standfeste Lage kommt. Anschließend können Sie das zweite Bein in beliebiger Stellung befestigen. Den bemalten Ball lose auflegen oder festkleben.

Schwanenglück

Vorlagenbogen Seite C

Weder See noch Gesang – das Glück dieses Schwanenexemplars besteht darin, mit den Beinen zu zappeln und sich nützlich zu machen, z. B. als Schlüsselhalter.

So wird's gemacht

Messen Sie zunächst die Stärke des Regalbretts oder der Kante aus, an der der stolze Schwan platziert werden soll. Gegebenenfalls die Schlitzbreite der Vorlage auf das von Ihnen ermittelte Maß abändern; dabei sollte die Öffnung aber eher zu knapp als zu großzügig bemessen werden. Probeweise den ausgesägten Körper auf das Brett schieben und bei Bedarf nochmals korrigieren.

Das wird gebraucht

- Holz, 20 mm dick, für Körper und Füße
- Holz, 10 mm dick, für die Flügel
- Kordel, ca. 25 cm lang

Sind alle Teile bemalt, kleben Sie die Flügel auf den Körper. Dann ein Loch an bezeichneter Stelle durch den Körper und in die Mitte der Füße bohren. Ziehen Sie die Kordel durch das Loch und kleben Sie die Enden in den Bohrlöchern der Füße ein.

Partyspaß fürs Partyglas

Vorlagenbogen Seite C

Diese Kanten»hänger« für Wein-, Likör-, Saftgläser und vieles mehr sind originell und schützen obendrein vor Verwechslungen bei der nächsten großen Party.

Das wird gebraucht

Holz, 10 mm dick

So wird's gemacht

Aufzeichnen, aussägen, bemalen – fertig! Bei diesem Tempo können Sie selbst bei einer überraschenden Einladung die Gastgeber noch mit einigen schnell gebastelten Figuren erfreuen.

• Tipp •

Zu kalten Büfetts gehören meist auch diverse Salate. Wenn Sie die Vorlagen für die Kantenhänger ein wenig vergrößern, können sie mit entsprechender Beschriftung an den jeweiligen Schüsseln oder Schalen eingehängt werden – z. B. den Wurm für den Obstsalat, die Katze passt zur roten Grütze, und für den Hasen ist natürlich der Eisbergsalat die geeignete Kombination!

Familie
Winter

Frostkünstler

Vorlagenbogen Seite D

Wer hier wohl wohnt? Gerade im Winter wird dieser frostsichere Treppen- oder Türrahmenhocker jeden Besucher gerne darauf hinweisen. In der wärmeren Jahreszeit empfiehlt sich hierfür eher das fleißige Huhn (siehe Seite 28).

Das wird gebraucht

Holz, 20 mm dick
Rundholz, Ø 8 mm, 40-50 cm lang

So wird's gemacht

Für das »Schild« zeichnen Sie einen Kreis mit 11 cm Durchmesser auf das Holz und sägen die Scheibe aus.

Bevor Sie den Schneemann auf das Holz übertragen, müssen Höhe und Tiefe der Treppenstufe bzw. der von Ihnen gewählten Befestigungsstelle ausgemessen werden. Dementsprechend die Maße der Beine verlängern bzw. verkürzen.

Nach dem Bemalen bohren Sie senkrecht ein Loch von 9 mm Durchmesser durch die Hand des Schneemanns. Ein weiteres 9 mm großes und etwa 2 cm tiefes Loch in die Kante der Holzscheibe bohren. Schieben Sie dann das Rundholz durch die Hand und leimen Sie die Scheibe darauf fest.

• Tipp •

Wenn Sie die Kanten der Holzscheibe mit Raspel und Schmirgelpapier gleichmäßig abrunden, sieht sie fast wie ein Schneeball aus.

Neunfüßler und mehr

Vorlagenbogen Seite D

Auf angenehme Weise kommt mit diesem bunten Vielfüßler Leben in Ihre Wohnung. Selbstverständlich lässt er sich beliebig bis hin zum Tausendfüßler oder mehr verlängern.

So wird's gemacht

Alles fertig bemalt und getrocknet? Dann bohren Sie zwei Löcher in die Stirn des Vielfüßlers. An den Pfeifenputzern jeweils ein Glöckchen befestigen und die so entstandenen Fühler in die Bohrlöcher einkleben.

Das wird gebraucht

- Holz, 20 mm dick
- 2 Pfeifenputzerstücke, braun, je 5 cm lang
- 2 Glöckchen, Ø 10 mm

• Tipp •

Ein origineller Schmuck fürs Kinderzimmer ist die Raupe z. B. dann, wenn Sie sie zur ABC-Raupe umfunktionieren und jedes Teil mit einem Buchstaben beschriften.

Stark verkleinert eignet sich dieser Neunfüßler als »Kantenhänger« für Partygläser oder, in mittlerer Größe und entsprechend beschriftet, als »Info-Raupe« an Salatschüsseln. Eine witzige Idee für die nächste Sommerparty im Garten!

Fleißiges Huhn

Vorlagenbogen Seite D

Als Legeplatz kommt für dieses Freilufthuhn z. B. der Briefkasten, ein Blumenkübelrand, eine Treppenstufe oder ein Zaunpfosten in Frage. Das beschriftete Ei belegt, dass die Henne zur »Familie« gehört.

Das wird gebraucht

Holz, 20 mm dick, für den Körper
Holz, 10 mm dick, für die Flügel
1 Plastik-Osterei, 10 cm groß
Samtfaden
Schleifenband

So wird's gemacht

Nachdem alle Teile bemalt sind, leimen Sie zuerst die großen Flügel auf den Körper und darauf die kleinen auf. Für die Anordnung der Flügelteile gibt es viele Möglichkeiten. Probieren Sie dabei ruhig ein wenig aus!

Nun wird das Ei beschriftet und mit Samtfaden und einer kleinen Schleife am Huhn befestigt; dazu entweder ein kleines Loch in das Huhn bohren oder eine Schrauböse eindrehen.

Eine originelle Variante: Fädeln Sie mehrere kleine Eier auf einen Samtfaden, eventuell einige Perlen dazwischen, und beschriften Sie jedes Ei mit nur einem Buchstaben des Namens. Sieht, besonders bei nicht allzu langen Namen, sehr witzig aus.

• Tipp •

Im Hobby- und Bastelhandel sind Ei-Halter erhältlich, die die Beschriftung/Bemalung von Eiern ganz einfach machen.

Sei kein Frosch ...

Vorlagenbogen Seite D

... wer wagt, gewinnt! Auch Computer sind nicht unbesiegbar! Mit diesem Mut machenden »Computerhocker« fällt es auch PC-Neulingen bestimmt viel leichter, das »Ungetüm« zu erkunden.

Das wird gebraucht

- Holz, 20 mm dick, für den Körper
- Holz, 8 mm dick, für Hände und Füße
- Holz, 4 mm dick, für Hose, Augenbrauen und Nase
- Holzleiste, 20 x 25 mm dick, ca. 20 cm lang
- 8 Holzperlen, grün, Ø 14 mm
- 6 Holzperlen, gelb, Ø 8 mm
- 14 Holzperlen, gelb, Ø 4 mm
- 4 Schraubösen, Ø 4 mm
- Bindfaden
- Schleifenband, 5 mm breit

So wird's gemacht

Nach Vorlage sägen Sie zunächst die Holzteile für den Frosch aus; dann von der Leiste sechs Abschnitte mit jeweils 3 cm Länge sägen. Zwei dieser Teile kleben Sie vor den Bauch des Frosches. Die restlichen Klötze werden mittig längs durchbohrt. In die Stirnseite der angeklebten Leistenstücke drehen Sie je eine Schrauböse, die beiden übrigen Ösen rechts und links am Froschhals befestigen.

Orientieren Sie sich bei den folgenden Arbeitsschritten zur Anfertigung der »Arme« und Beine auch am Foto.
Für die Arme werden jeweils mit sechs gelben 4-mm-Perlen eine Froschhand und vier grüne Perlen auf einen Faden aufgefasst. Anschließend die Arme in den Ösen am Hals befestigen.

Pro Bein fädeln Sie auf eine gelbe 4-mm-Perle einen Fuß und anschließend mit drei gelben 8-mm-Perlen zwei Leistenabschnitte auf. Auch die Beine an den Ösen verknoten und dem Frosch zum Schluss noch eine Schleife um den Hals binden.

• Tipp •

Noch plastischer wirkt der Froschhocker, wenn Sie Hose, Augenbrauen und Nase extra aussägen und aufleimen (siehe auch Foto).

Die Deutsche Bibliothek – CIP-Einheitsaufnahme

Ein Titeldatensatz für diese Publikation ist bei Der Deutschen Bibliothek erhältlich.

Die im Buch veröffentlichten Ratschläge wurden von Verfasserin und Verlag sorgfältig erarbeitet und geprüft. Eine Garantie kann dennoch nicht übernommen werden. Ebenso ist die Haftung der Verfasserin bzw. des Verlages und seiner Beauftragten für Personen-, Sach- und Vermögensschäden ausgeschlossen.

Fotografie: Klaus Lipa, Diedorf bei Augsburg
Lektorat: Eva-Maria Müller, Augsburg
Umschlagkonzeption: Kontrapunkt, Kopenhagen
Umschlaglayout: Angelika Tröger
Reihenkonzeption: Kontrapunkt, Kopenhagen
Layout: Anton Walter, Gundelfingen

AUGUSTUS VERLAG, München 2000

Satz: Gesetzt aus 9,5 Punkt The Sans
von Uhl + Massopust, Aalen
Reproduktion: Uhl + Massopust, Aalen
Druck und Bindung: Offizin Andersen Nexö, Leipzig

Gedruckt auf 135 g umweltfreundlich chlorfrei gebleichtem Papier.

ISBN 3-8043-0791-4

Printed in Germany